Das Tagebuch der Begine Renitenta

Lebe wild und gefährlich! Werde Begine.

Ulrike Friebel

Das Tagebuch der Begine Renitenta

*Bibliografische Information der Deutschen Nationalbiblio-
thek:*

*Die Deutsche Nationalbibliothek verzeichnet diese Publika-
tion in der Deutschen Nationalbibliografie; detaillierte bibliografische Daten sind im Internet über http://dnb.dnb.de
abrufbar.*

© 2016 Ulrike Friebel

Illustration: Birte Strohmayer

*Herstellung und Verlag: BoD – Books on Demand, Nor-
derstedt*

ISBN: 978-3-7412-9802-8

INHALT

EIN WORT ZU DEN BEGINEN

„Beginen sind Frauen, die unter einer frei gewählten Vorsteherin in Beginenhöfen ein andächtiges Leben führen, ohne einem Orden im eigentlichen Sinne anzugehören. Die ersten Gemeinschaften von Beginen entstanden im 12. Jahrhundert, ihre Blütezeit war das 13. und 14. Jahrhundert in Westeuropa." (Ökumenisches Heiligenlexikon)

Dass sie präsent waren im mittelalterlichen Städtebild, zeigen die vielen Spitznamen, die man ihnen gab. Bekannt sind Polternonnen, Seelschwestern und Seelfrauen.

Wie lebten die Beginen, diese schlicht gekleideten und doch so schillernden Frauengestalten des Mittelalters, Grenzgängerinnen zwischen klösterlichem und profanem Leben? Wir wissen nicht wirklich viel von ihnen, und gerade das macht sie so anziehend. Zwischen den Eckpfeilern Gemeinschaft, Selbstständigkeit und Spiritualität bleibt ein wunderbarer Freiraum für Träume, Wünsche und Projektionen für Frauen, die auf der Suche nach Alternativen zu den traditionell vorgegebenen Lebensformen sind. Den Halt einer verbindlichen Gemeinschaft zu verknüpfen mit dem heute obligatorischen Ziel der Selbstverwirklichung und Selbstbestimmung, dazu ein achtsamer Umgang mit Menschen und Umwelt, das ist schon ein äußerst verlockender Entwurf.

Wussten die mittelalterlichen „Polternonnen" wie das geht? Konnten sie Schwesternschaft ohne „Zickenalarm" leben?

Vielleicht, vielleicht auch nicht. Es scheint durchaus auch immer wieder zu „Schwesternstreit" gekommen zu sein.

Viel wichtiger ist, dass uns die „Seelschwestern" Anlass geben, nach dem Weg in eine schwesterlich beseelte Gemeinschaft zu suchen. Schließlich hätte sich auch Columbus nicht auf die Suche nach dem Seeweg nach Indien gemacht, wenn es nicht ernst zu nehmende Hinweise gegeben hätte, dass es ihn gibt. Gefunden hat er bekanntlich etwas anderes, nicht weniger Aufregendes: eine neue Welt. Das kann uns natürlich auch passieren.

Renitenta von Holsterhausen, deren Tagebuch ich hier mit großer Freude in Auszügen veröffentliche, schrieb ihre Beobachtungen und Erfahrungen aus dem Beginenleben ein halbes Jahrhundert nach der „Entdeckung" Amerikas auf. Sie lebte in einer Zeit, in der sich die Welt, bzw. der Blick der Menschen auf die Welt, enorm veränderte. Wenige Jahre zuvor hatte Martin Luther den finanziellen Grundlagen der Kirche und der Selbstverständlichkeit von Gehorsam und Unterordnung unter den Klerus einen schmerzhaften Kratzer zugefügt. Die relativ unbedeutende Stadt Essen, die Heimat der Renitenta, war von Pestepidemien und Feuersbrünsten heimgesucht worden. Seit langer Zeit stritten sich das Bürgertum und die Fürstäbtissinnen des Damenstifts darum, wer die Stadt regiert.

Der listige oder vielleicht auch nur vergessliche Kaiser Karl V. hatte das fatalerweise Beiden zugesprochen. Es sollte nicht mehr lange dauern, bis in Essen die Reformation eingeführt würde. Während die Regentinnen selbstredend beim alten Glauben blieben, zog es die Bürgerschaft unter Führung einer Handvoll reicher Kaufmannsfamilien zur evangelischen Erneuerung. Am 2. Mai 1563, also 46 Jahre nach dem Thesenanschlag, ist in der heutigen Marktkirche der erste evangelische Gottesdienst verbürgt.

Die Bedeutung der einst so mächtigen Fürstäbtissinnen schwand dahin und auch die hohe Zeit der Beginen war längst vorbei.

Renitenta von Holsterhausen gewährt uns mit ihrem oft erstaunlich aktuell erscheinenden Tagebuch wertvolle Einblicke in das Beginenleben zu Beginn der Neuzeit. Sie scheint weniger die Suche nach der spirituellen Erneuerung angespornt zu haben, als vielmehr der Wunsch nach einem besseren Leben in ansprechender Umgebung unter Frauen. Ohnehin gibt uns ihr inniges, fast freundschaftliches Verhältnis zur Jungfrau Maria zu denken. Sollte Renitenta die Gesellschaft von Frauen in jeder Hinsicht der Zugehörigkeit zu einem Manne vorgezogen haben?

Über Renitentas Herkunft und Entwicklung wissen wir wenig, abgesehen von der Trunksucht ihres Vaters und der Zahl ihrer Geschwister. Dass sie als jüngste von fünf Schwestern aufwuchs, erklärt die Gelassenheit, mit der sie das nicht immer harmonische Miteinander der Beginen beschreibt. Sie ist dabei immer im Dialog mit der Jungfrau Maria. Ob die nähere Bekanntschaft mit einer oder einem Heiligen für das Leben in einer Beginengemeinschaft hilfreich, vielleicht sogar unerlässlich ist, lässt sich vielleicht irgendwann durch nähere Betrachtung des Lebens in den neuen Beginenhöfen, von denen es inzwischen etliche gibt, beantworten. Ob dort allerdings eine Frau die Muße findet, ein ähnlich ausführliches Tagebuch zu schreiben, sei dahin gestellt.

Was aus der Begine Renitenta wurde, ist gänzlich unbekannt. Möglicherweise hat sie den Beginenhof irgendwann wieder verlassen, sich bei der Krankenpflege mit Pest oder Cholera infiziert, vielleicht hat sie sich aber auch hochbetagt in das Kräuterbeet im Beginenhof gelegt und ist eingeschlafen.

Aber mal ehrlich: Lebt nicht in jeder von uns eine Renitenta?

DIE AUFNAHME

Sonntag, 27. Oktober 1540

Barmherzige Jungfrau Maria, es war ja schon immer hilfreich und erhebend, Deine goldglitzernde Statue im halbdunklen Dom zu besuchen und um Rat zu fragen, aber diesmal warst Du wirklich Spitze. Als ich auf dem Bänkchen kniete und Dich inständig nach einem Ausweg anflehte, kniete plötzlich neben mir eine Frau im groben grauen Gewand. Natürlich, die Beginen! Warum bin ich nicht gleich darauf gekommen?

Sicher, man sagt, dass sie hart arbeiten müssen, für Kranke und Dahinsiechende sind sie da, auch vor Leichen schrecken sie nicht zurück. Aber das ist allemal besser als dieser Schneider, dem mich mein trunksüchtiger Vater versprochen hat, weil er mich ohne Mitgift nehmen und ihm dazu noch ein Fässchen von dem billigen Tresterbrand spendieren würde. Der riecht ja selbst schon wie eine Leiche. Sein Haar ist grau und seine Haut auch, seine Zähne sind gelb, und Witwer ist er von zwei Frauen. Da kann einem das Leben schon vergehen, wenn man mit so einem das Lager teilen muss. Dazu noch soll ich Stiefmutter werden von drei ungezogenen Rotznasen. Fast habe ich daran gedacht, mich in die Ruhr zu stürzen.

Verzeih mir die sündigen Gedanken, heilige Jungfrau und Trösterin der Untröstlichen, und hab tausendmal Dank für den göttlichen Fingerzeig. Gleich morgen werde ich im Beginenhaus um Aufnahme bitten.

Montag, 28. Oktober 1540

Oh, wie sehr hat es mir gefallen im Hause der Beginen! Alles war sauber und es roch so gut. Schwester Reimunde, die mich gemeinsam mit der Mutter Oberin durch das Haus führte, zeigte mir stolz ihre selbstgenähten Lavendelsäckchen. „Die können es sogar mit den Winden aufnehmen, die aus den Schwestern fahren, wenn für die Beginensuppe mal wieder nur Zwiebeln da waren.“

Und wie üppig und prachtvoll ist ihr Gemüsegärtchen! Da würde so mancher Markthändler sich die Hände reiben, wenn er all diese bekannten und fremdartigen Gemüsesorten an seinem Stand feilbieten könnte. Sogar diese mehligen Knollen haben sie dort, die aus der neuen Welt gekommen sind. Aber das Schönste ist der Kräutergarten. Am liebsten hätte ich mich hineingelegt und wäre nie wieder aufgestanden. Reimunde und die Mutter Oberin hatten ihre rechte Freude an meiner Begeisterung. Und tatsächlich ist ein Bett im Schlafsaal frei, eine der Ihren ist kürzlich ins Licht gegangen. Möge ihr die Erde leicht werden.

Später im Gespräch fragte mich die Mutter, von welchem Geschlecht ich sei. Knallrot muss ich geworden sein, als ich ihr anbot, sie könne gerne nachschauen, wenn sie Zweifel hätte. Daraufhin war es an ihr, sich rot zu färben wie der Abendhimmel. So habe sie das nicht gemeint, sie wolle wissen, welchem Hause ich entstamme. Holsterhausen, entfuhr es mir, denn dort bin ich geboren, als letztes von fünf Mädchen und zum Kummer meines Vaters. Ob ich denn ein Erbe mitbringen würde in die Gemeinschaft, wollte Reimunde wissen. „Ich habe nichts außer der Kraft meiner Arme und einen wachen Geist, kann Brot backen, Kraut von Unkraut unterscheiden, nähen und singen wie eine Lerche, und was es noch braucht, um mich am Leben zu erhalten, werde ich gewiss schnell lernen." Die Mutter Oberin warf Reimunde einen schnellen Blick zu und wandte sich wieder an mich.

„Komm am Schwarzmondabend in den Konvent, damit dich die Schwestern kennenlernen können, dann werden wir weiter sehen." Freundlich verabschiedeten mich beide und ich ging mit neuer Hoffnung im Herzen zu meinem betrunkenen Vater nach Hause.

Donnerstag, 16. November 1540

Ich muss schon sagen, oh du Trösterin der Ratlosen und segensreiche Mutter der Verwirrten, ich bin erstaunt. Ich hätte nicht gedacht, dass es beim Konvent der Beginen so munter zugeht.

Ziemlich aufgeregt und viel zu früh erreichte ich gestern Abend den Ort meiner Sehnsucht und traf eine freundliche junge Frau in schlichtem Gewand, die mich in den großen zugigen Raum führte, in dem mein Aufnahmegespräch bei den frommen Frauen stattfinden sollte. Das Glöckchen hatte die verabredete Zeit längst geschlagen, als die ersten Schwestern schwatzend und lachend hereinkamen. Sie schienen sich allesamt lange nicht gesehen zu haben, soviel hatten sie sich zu erzählen. Ein wenig Ruhe kehrte erst ein, als die Mutter Oberin den Raum betrat.

„Welche hat heute etwas für den Anfang vorbereitet?“ Ihr wacher Blick wanderte suchend durch den Raum. „Ich glaube, Maria Influenza, die kommt aber heute nicht, irgendwas ist bei den Leprakranken…“. Die Mutter Oberin seufzte, dann sprach sie zügig ein kurzes Gebet und wandte sich nochmals an meine zukünftigen Schwestern. „Wo gerade alle zuhören, es fehlt noch eine, die heute Abend und morgen früh die Fürbitte für unsere kranke Fürstäbtissin übernimmt.“

„Ist die schon wieder krank, die sollte mal ihre Ernährung umstellen!“, platzte eine streng, aber auch nicht sehr gesund aussehende Begine heraus. „Oh nee, nicht schon wieder diese Diskussion!“, ereiferte sich die nächste. „Genau, außerdem haben wir uns im Pachtvertrag zu Fürbitten verpflichtet und nicht zu Unterweisung in Speisenkunde, Jolanthe!“ Die Mutter Oberin versuchte, Ruhe in das aufgewühlte Gespräch zu bringen. „Ich mach's.“ Eine sanfte Stimme beendete die Debatte. „Danke, Reimunde!“

Dann endlich stellte mich die Oberin den anderen Beginen vor und bat mich, etwas von mir zu erzählen. Ich begann mit dem kleinen Vortrag, den ich mir so sorgsam zurechtgelegt hatte. Während einige der Schwestern aufmerksam und wohlwollend lauschten, steckten andere die Hauben zusammen und kicherten und schwatzten weiter, als sei ich gar nicht da. Das Glöckchen musste einige Male kräftig geschüttelt werden, bis endlich Ruhe eingekehrt war. Dann kam das, wovor ich mich am meisten fürchtete. Die Beginen durften Fragen stellen.

Ich hatte damit gerechnet, dass sie fragen, wie ich es mit dem Beten und Fasten halte und ob ich keusch und züchtig bin. Die erste Frage war, ob ich Kuchen backen kann. Zufrieden hörten sich meine künftigen Schwestern die Aufzählung meiner Spezialkuchen an, und fragten sogleich nach dem Rezept für den Aprikosenkuchen. Ich glaubte mich in Sicherheit. Jolanthe, die Schwester mit den strengen Ernährungsvorstellungen fragte mich, ob ich Fleisch esse. Ich antwortete: „Ja, danke, sehr gerne. Was gibt es denn?" Das war wohl nicht ganz die richtige Antwort, ich sah ihr düsteres Gesicht und war sicher, alles verdorben zu haben. Aber die anderen Frauen grinsten und schauten mich bewundernd an.

Kurz darauf verabschiedeten sie mich, um miteinander zu beraten. Völlig erschöpft verließ ich das Haus der Beginen und sandte ein Stoßgebet in den mondlosen Himmel: „Gnadenreiche Mutter Maria, bitte lass mich eine Begine werden!"

Samstag, 18. November 1540

Heute wurde ich schon wach, als die Hähne noch davon träumten, eine Schar magerer Hühner über den staubigen Hof zu jagen. Obwohl es noch stockfinster war, zog ich mich an und ging durch die schlafende Stadt. Heute würde ich erfahren, ob die Gemeinschaft der Beginen mich als würdig erachtete, eine von ihnen zu werden.

So langsam wie ich nur konnte, ging ich zum Beginenhause. Schon von ferne sah ich eine Begine über die Mauer klettern, die das kleine Anwesen umgibt. Die strenge Jolanthe war es, die von einer heimlichen Würfelrunde nach Hause kam. „Psst, du bist hoffentlich keine Petze!" raunte sie mir zu. Ich legte einen Finger auf den Mund und raunte zurück: „Ich war gar nicht hier und habe auch nichts gesehen." „Meine Stimme hast Du!", flüsterte die Begine und eilte in Richtung Schlafsaal davon.

Die Zeit bis zum verabredeten Termin mit der Mutter Oberin wollte nicht vergehen, und ich verbrachte sie mit angenehmen Träumen vom Beginenleben. Endlich konnte ich an das Tor klopfen. Die freundliche junge Schwester brachte mich zur Kemenate der Oberin, die mich lange ansah. „Wir haben lange beraten, denn eine Schwester war voller Zweifel, ob Du die nötige Demut besitzt. Aber heute Morgen waren ihre Bedenken wie fortgeflogen und so heißen wir Dich im Beginenhof willkommen. Zum Zeichen, dass jetzt etwas Neues für Dich beginnt, schlage ich Dir vor, einen neuen Namen anzunehmen. Fortan heißt Du Renitenta von Holsterhausen."

Der Name gefällt mir außerordentlich gut, und die Oberin scheint wirklich eine kluge Frau zu sein. Und Du, barmherzige Jungfrau und göttliche Netzwerkerin, bekommst 50 Ave Marias zum Dank für Deine Hilfe, versprochen.

DIE SCHÜRZE

Mittwoch, 11. April 1541

Heute Morgen bin ich glücklich und beschwingt erwacht. Die heilige Jungfrau offenbarte mir im Traum, wie ich meinen Beginenschwestern eine Freude machen und ihnen das harte Beginenleben erleichtern kann. Ich schenke ihnen Beginenschürzen. Sie werden alt, die frommen Frauen, und manche isst nicht mehr mit ruhiger Hand.

Die Schürzen werden teuflisch praktisch sein und trotzdem werden sie die Schwestern im erlaubten Maße schmücken. Eine gestickte Spirale wird sie zieren. So kann endlich mal wieder so recht miteinander gestichelt werden. Morgen Abend werde ich den Entwurf den Schwestern im Konvent vorstellen. Ich sehe die begeisterten Gesichter und das zustimmende Nicken schon vor mir. Das wird eine Freude!

Freitag, 13. April 1541

Heilige Mutter Maria, warum hast du mich nicht gewarnt? Aber ich hätte es ja eigentlich wissen müssen, ich bin doch schon ein halbes Jahr im Beginenhaus.

Kaum hatte ich den Entwurf vorgestellt, schrien die Beginen Jolanthe und Elisabeth auch schon los. Beginen seien freie Frauen und würden keine Schürzen tragen. Schürzen wäre nur etwas für Hausfrauen und andere Leibeigene. Schwester Graziella schloss sich ihnen an mit der Bemerkung, dass es im Konvent endgültig wie in einem Betagtenstift aussähe, wenn wir jetzt auch noch Schürzen trügen. Drei Schwestern berichtigten sie sofort: Es müsse doch wohl Betagtinnenstift heißen.

Unvermutet erhielt ich Unterstützung von Schwester Maria Exacta. Sie erklärte, dass es schon seit Beginn des Beginentums sehr wohl Beginenschürzen gäbe, und zwar genau 37.618, getragen von 37.307 Beginen in 178 Konventen. Da es bei den Beginen immer schon eine große Vielfalt gegeben habe, gäbe es 37 Arten, die Schürze zu binden. Außerdem seien die Schürzen tragenden Schwestern als besonders freiheitsliebend bekannt, sie blieben mitsamt ihrer Schürzen unerlaubt über Nacht weg, und trieben sich in Spelunken herum, gezinkte Würfel und kleine Likörflaschen in den Schürzentaschen. In manchen Städten schicke die Mutter Oberin sogenannte Schürzenjäger aus, um sie nach Hause zu holen. Ich frage dich, heilige Jungfrau, woher Maria Exacta das alles immer so genau weiß.

Bevor ich mich noch so richtig über die Unterstützung freuen konnte, prasselten die nächsten Wortmeldungen nieder. Roswitha forderte, die Schürzen müssen unbedingt beige sein, Schwester Klara polterte dagegen: „Alles nur nicht beige, beige macht mich blass." Reimunde rief dazwischen:

„Aber schön fester Stoff und so lang, dass beim Gebet die Knie drauf ruhen können!" Schwester Ambivalenzia war dafür, das Thema bis zum Herbst zu vertagen. Schwester Maria Influenza schlug vor, ein Komitee zu gründen, das sich im Konsens auf einen Vorschlag einigen sollte. Jolanthe und Elisabeth verließen den Raum unter Protest, und teilten im Hinausgehen mit, dass sie sich einem Schürzenzwang niemals unterwerfen würden. Ein heftiger Tumult entstand, bei dem auch böse Worte fielen wie „Ach leck mich doch am Schürzenzipfel".

Zur Strafe wird die Mutter Oberin den Getränkekeller für zwei Wochen abschließen.

Mittwoch 18. April 1541

Langsam glätten sich die Wogen. Die Betten im Schlafsaal sind alle wieder an der alten Stelle. Nach dem letzten Konvent hatten einige Beginen nicht mehr nebeneinander schlafen wollen und ein großes Möbelrücken veranstaltet. Leider ging dabei das gemeinschaftlich genutzte Nachtgeschirr entzwei. Zum Glück hatte Reimunde es diesmal rechtzeitig geleert.

Das Schürzenkomitee hat bis in die Nacht getagt und sich erfreulicherweise auf einen Entwurf geeinigt, der allerdings durch etwa zwanzig Sondermodelle ergänzt wird. Zum Beispiel für die Gartenbeginen mit zwei großen Außentaschen für

Hornspäne und Kompost, oder für die Mutter Oberin mit 13 Innentaschen für Schlüssel. Weil sich die Frauen nicht auf eine Farbe einigen konnten, wird die Schürze nun grün-lila-beige gestreift sein. Der Saum ist breit und mit Moos gefüttert, das schont die alten Knie von Reimunde beim Gebet.

Außerdem habe ich den Schnitt so geschickt geändert, dass die Schürze auch als Haube auf dem Kopf gebunden werden kann, für die, die absolut keine Schürze tragen wollen. Die Spirale fällt leider weg, die Schwestern konnten sich nicht darauf einigen, in welche Richtung sie drehen soll.

Ich bin sicher, mit dem neuen Entwurf werden nun alle zufrieden sein. Ich sehe die begeisterten Gesichter und das zustimmende Nicken schon vor mir. Das wird eine Freude.

DAS GESCHENK

Pfingstsonntag, 21. Mai 1541

Hi Maria, entschuldige, dass ich Dich heute nicht mit einem Deiner schönen Namen anspreche, aber ich bin so müde, als wäre ich heute zu Löscharbeiten in der Hölle eingeteilt gewesen. Dabei musste ich nur immer von dem Fruchtwein nachholen, dem der Erzbischof bei seinem Besuch heute sehr zugesprochen hat. Aber die Wochen der Vorbereitung auf den hohen Besuch waren auch sehr anstrengend, zum Schluss gab es täglich zwei bis drei Sitzungen der AG Heiliger Hirte, und jedes Mal wurde das Gegenteil von dem beschlossen, was vorher beschlossen worden war.

Noch zwei Minuten, bevor die Kutsche mit seiner Eminenz vor dem Beginenhof vorfuhr, zog Schwester Reimunde der armen Maria Influenza die Beginenhaube so heftig über die Ohren, dass sie als Kragen auf den Schultern auflag. Und das nur, weil Maria Influenza ihre Blumendekoration einen Meter nach hinten gerückt hat.

Schwester Jolanthe hatte den Text für das Begrüßungslied nicht oft genug abgeschrieben, so dass sich zwei Frauen jeweils einen Text teilen mussten. Der Bischof hielt das Hin- und Herziehen der Blätter, das mit wundersamen Verrenkungen der Schwestern verbunden war, für einen Tanz, den sie ihm zu Ehren aufführten, und applaudierte großzügig. Dann kündigte er an, dass er uns ein wertvolles Geschenk mitgebracht habe. Er winkte seinem Burschen, der grinsend auf die Mutter Oberin zumarschierte. Er kam dabei aber nicht besonders gut voran. Am anderen Ende des Stricks, den er in der Hand hielt, stemmte eine große weiße Ziege ihre Hufe in den Beginenhofboden.

„Jetzt habt Ihr eine Aufgabe, die einer Begine würdig ist", sprach der Bischof, „und alle Tage frische Ziegenmilch, von der schon die heilige Hildegard sagte: Wenn das nicht hilft, hilft nur noch beten." Die Mutter Oberin bedankte sich artig im Namen aller Beginen und versprach, dass das Tier es sehr gut bei uns haben würde.

Montag, 22. Mai 1541

Kaum hatten die lieben Sonnenstrahlen ihren Weg in den Schlafsaal gefunden, wurde ich von lautem Meckern und Schimpfen aus dem Bett getrieben. Als ich aus dem Fenster blickte, sah ich die Ziege, die mit Genuss den von Reimunde kunstvoll arrangierten Blumenschmuck direkt vor ihren Augen verspeiste. Schwester Maria Influenza, die schon zum Salbeipflücken in den Kräutergarten eilte, rief Reimunde munter zu: „Sieh das doch mal so, nun bekommt Dein Blumenarrangement endlich Wertschätzung."

Beim Mittagessen, das sonst in andächtiger Stille abläuft, gab es heftige Diskussionen darüber, was der Bischof sich bei dem Geschenk wohl gedacht hätte. Schwester Jolanthe vermutete eine Anspielung auf den Zickenalarm, für den der Beginenhof anscheinend bekannt sei. Klara blickte kurz von ihrem Teller auf, und murmelte mit vollem Mund etwas wie: „Geschenk für Dich, damit Du nicht die einzige bist."

Die Mutter Oberin musste das Glöckchen schon ziemlich heftig anschlagen, um die Ruhe wieder herzustellen. „Schämt Ihr Euch nicht"! rief sie. „Wenn Ihr nicht sofort aufhört, bleibt der Nachtisch in der Küche. Macht euch lieber mal Gedanken, wie wir dieses Geschenk pflegen und nutzen können. Und welchen Namen dieses streng riechende Geschöpf Gottes tragen soll!" Noch vor dem Nachtisch (Quarkspeise mit Kirschen, danke heilige Jungfrau!) hatte sich spontan ein Grüppchen zur BÄH-Ginen-Pflege gegründet.

Als erstes bot Schwester Maria Exacta an, genau zu berechnen, wieviel die Gemeinschaft sparen würde, wenn es jetzt nur noch Ziegenmilch gäbe, und wie hoch die Erlöse wären, wenn die Ziege jedes Jahr ein Zicklein gebären würde, das wiederum auch jedes Jahr ein Junges hätte, bei geschätzten 2 Liter Milch pro Ziege am Tag.

Als sie gerade triumphierend berichtete, dass wir auf diese Art in exakt 145 Jahren 7 Monaten und 11 Tagen von dem Gesparten der Fürstäbtissin den Beginenhof abkaufen könnten, unterbrach Klara sie mit der Frage: „Du meinst doch nicht wirklich, dass ich jetzt meinen Morgenkaffee mit

Ziegenmilch trinken werde?" Schwester Roswitha verdrehte die Augen. „Mmmh, Apfelkuchen mit Ziegenmilchsahne, lecker." Als Schwester Graziella zum dritten Mal vorschlug, die Ziege könnte beim nächsten Sommerfest dabei sein, und zwar auf dem Bratspieß, und damit kurzfristig auch zu sehr schönen Einnahmen beitragen, verließ die Vegine Jolanthe den Raum und die Mutter Oberin ordnete Schweigen bis zum Abendgebet an.

Donnerstag, 24. Mai 1541

Heilige Jungfrau Maria, warum hast du deine Gnade von mir genommen und mir nicht im entscheidenden Moment den Kopf nach unten gedrückt und mich in heiliger Versenkung meine Beginenpantoffeln bewundern lassen. Jetzt bin ich also die Bähginenbeauftragte und darf alles entscheiden, was die Ziege angeht, außer natürlich es gibt eine Schwester, die etwas anderes richtig findet.

Ich hatte mir so einen schönen Namen ausgedacht, Schwester Ferolata, die stinkende Schwester, sollte die Ziege heißen. Aber einige Schwestern fanden das diskriminierend und schließlich einigten wir uns auf Genoveva. Klara berichtete von einem spirituellen Melkkurs und schlug vor, dass wir uns gemeinsam dort anmelden sollten.

Als ich kurz darauf Genoveva zur Wiese führte, gab mir Reimunde mit auf dem Weg: „Lass sie viel

Löwenzahn fressen." Sekunden später nahm mich Jolanthe zur Seite: „…und keinen Löwenzahn, hörst du?" Maria Influenza gab mir zu verstehen, dass diese wichtige Frage noch einmal in den Konvent zurück getragen werden müsste. Bis dahin solle die Ziege erst mal gar nichts fressen.

Das sah die Ziege anders. Während der schwesterlichen Belehrung hatte mir Schwester Klara den Strick aus der Hand genommen, die undankbare Genoveva hatte die Gelegenheit genutzt und war ausgebüxt. Der Kräutergarten ist Geschichte.

Schwester Maria Exacta berechnete blitzschnell den entstandenen Schaden und änderte die Prognose für den Erwerb des Beginenhofs auf 148 Jahre und drei Monate.

Maria Influenza verkündete mit Tränen in den Augen, dass sie jetzt gar nicht mehr wisse, ob sie noch Begine sein wolle. Sie würde sich ab sofort für drei Monate zur Meditation zurückziehen.

Samstag, 26. Mai 1541

Heute Morgen war es himmlisch ruhig. Kein Meckern, kein Schimpfen drang zu mir herein und auch der strenge Geruch war verschwunden. Als mir klar wurde, was das bedeutet, sprang ich aus dem Bett und rannte nach draußen.

Ich meine ja, der Strick wäre glatt durchgeschnitten gewesen. Aber ein Teil der Schwestern findet, dass er ganz klar durchgescheuert aussieht.

Die meisten Schwestern machen keinen besonders traurigen Eindruck. Nur Reimunde hatte sich große Hoffnungen gemacht wegen der Ziegenmilch und der Arthrose in ihren Knien und wird Dir eine Kerze anzünden, damit Du Genoveva zu uns zurückführst. Können wir da bitte noch mal drüber reden, heilige Jungfrau?

Am Nachmittag kam ein Kurier in den Hof geritten. Dem Bischof hat es im Beginenhof sehr gut gefallen. Er kommt Fronleichnam wieder zu uns und wir dürfen uns schon auf ein wertvolles Geschenk freuen.

DER FREVEL

Mittwoch, 21. Juni 1541

Gegrüßet seist du, Maria, und 1000mal bedanket für diesen schönen Tag. Auch bin ich den Beginen wieder einmal von Herzen dankbar, dass ich mit ihnen in diesem lichten, stets blankgeputzten Haus leben darf. Längst ist das Jucken der Flöhe mir fremd geworden. Und wie sehr genieße ich es, immer zum Schwarzmond in den Zuber zu steigen, auch wenn ich als zuletzt Gekommene auch als letzte in das dann schon etwas kühle Badewasser steigen muss.

So bin ich immer auf der Suche nach einer Gelegenheit, mich nützlich zu machen und meine Dankbarkeit zu zeigen. Heute bot sich wieder einmal eine solche Möglichkeit. Wie war ich erstaunt, als ich im hinteren Teil des Beginengartens einen Holzhaufen fand, wild zusammen geworfen und ohne jeden Sinn und Zweck. Und das in diesem Garten, in dem jedes Rüblein säuberlich gehacket ist und jeder Kohlkopf im rechten Winkel zu den anderen steht. Sagt nicht die heilige Hildegard: „Halte die Ordnung, und die Ordnung wird Dich halten!"

Frohgemut machte ich mich daran, Ordnung in diesen Haufen Stöcke und Scheite zu bringen. Schön aufgeräumt und der Größe nach sortiert lagen sie in kleinen übersichtlichen Stapeln da, als ich den Garten verließ. Stolz drehte ich mich noch einmal um, um mein gelungenes Werk zu begutachten.

Donnerstag, 22. Juni 1541

Heilige Mutter, hilf! So wütend habe ich Schwester Elisabeth noch nie gesehen, weiß vor Zorn war ihr Gesicht und die Augen waren zu schmalen Schlitzen geworden, aus denen Funken zu sprühen schienen.

„Was hast Du Dir dabei gedacht, Du spirituelles Grubenunglück! Unsere Gedenkstätte für die Schwestern, die der heiligen Inquisition zum Opfer fielen, hast Du zerstört. Hast du nicht genug Aufgaben im Hause, um die Du Dich kümmern kannst? Einen solchen Frevel hatten wir noch nie, na ja, jedenfalls schon lange nicht mehr. Heute Abend wird es ein Krisentreffen im Konvent geben, wir müssen reden!"

Oh, wie lang wurde mir dieser Tag. Mit hängenden Schultern und eingezogenem Kopf schlich ich durch den Beginenhof. Die Schwestern sprachen gar nicht oder nur das Nötigste mit mir. Zum Mittagsmahle ging ich lieber nicht, auch war der Magen mir wie zu geschnürt. Woher, barmherzige Mutter, hätte ich wissen sollen, dass dieser Reisighaufen eine antipatriarchale, antiklerikale Gedenkstätte ist? Ich habe es doch nur gut gemeint!

Freitag, 23. Juni 1541

Danke, dass Du Deine schützende Hand über mich gehalten hast, barmherzige Jungfrau! Nachdem noch einmal alle Beginen der Reihe nach zum Ausdruck brachten, wie sehr mein Frevel sie verletzt hat, nahm die Diskussion plötzlich einen anderen Verlauf. Schwester Maria Influenza beschwerte sich darüber, dass die Verteilung der Zuständigkeiten und Befugnisse nicht wirklich geklärt sei, auch Reimunde äußerte ihren Ärger darüber, dass sich ständig eine in die Leerung des Nachtgeschirrs einmische. Sie habe diese Aufgabe übernommen und trüge schließlich die Verantwortung dafür, dass nächtens jede Schwester noch ausreichend Platz im Topfe vorfinde.

Elisabeth und Ambivalenzia kündigten an, die von ihnen übernommenen Aufgaben ab sofort nicht mehr wahrzunehmen. Sie konnten sich aber nicht genau erinnern, was alles dazu gehörte.

Ich verstehe das nicht, barmherzige Jungfrau. Bei meinem Vater gab es immer Prügel, wenn irgendeine Arbeit nicht gemacht war, auch wenn es an ihm gewesen wäre, sie zu tun. Hier hingegen riskiere ich Ärger, wenn ich versuche, einer der Schwestern Arbeit abzunehmen. Dabei hatte ich immer den Eindruck, dass alle für alles zuständig sind!

Zum Glück ging der Abend versöhnlich zu Ende. Die Mutter Oberin machte den Vorschlag, dass wir uns ein schönes Ritual ausdenken, mit dem wir das Mahnmal erneut errichten, natürlich größer und schöner als vorher. Der Vorschlag von Maria Exacta, den Haufen zum Schluss anzuzünden und bei der Gelegenheit den ganzen Müll aus dem Keller zu verbrennen, wurde jedoch abgelehnt.

DIE WALLFAHRT

Freitag, 9. September 1541

Du lieber Himmel, kann mir mal eine sagen, was hier los ist? Die Schwestern sind wie ein wahrer Hühnerhaufen, sie sausen noch aufgeregter als sonst durch die Gegend, stecken die Köpfe zusammen, tuscheln, und tun so wichtig, als würde gleich unser Herr Jesus Christus vom Himmel in den Kräutergarten fallen. Dabei ist Pfingsten schon lange vorbei.

Samstag, 10. September 1541

Es war wieder einmal Reimunde, die gute, die mir erklärte, was diesen Wahnsinn ausgelöst hat: die Mutter Oberin hat bald Geburtstag. Es soll sogar ein runder sein, 60 Jahre, der Übergang zur weisen Alten.

Die Schwestern wollen ihr natürlich ein wunderbares Geschenk machen. Jolanthe versucht schon seit Tagen, aus einem Kürbis ein veganes Brathuhn zu schnitzen. Maria Influenza übte in jeder freien Minute mit einigen Schwestern einen Tanz der Weisen Alten ein. Allerdings wurde das Projekt eingestellt, als Roswitha dazu kam und meinte: „Warte mal, ich glaube, ich kenne dieses

Stück. Heißt das nicht: Die kaiserlichen Truppen fliehen vor der schwarzen Pest?"

Klara bemühte sich sehr, eines dieser bei der Jugend so beliebten Rappenlieder zu dichten. Tatsächlich erinnert der abgehackte Sprechgesang an Pferdegetrappel. Warum es allerdings gerade ein Rappe und nicht ein Schimmel oder Fuchs sein soll, wusste nicht einmal Maria Exacta. Klaras Lied begann mit den genialen Zeilen „O weise Mutter Oberin, ich wär wohl deine Loberin". Gemeinsam konnten wir sie daran hindern, weitere Zeilen zu produzieren.

Schließlich hatte Jolanthe, die gerade den vierten Kürbis verstümmelt und einen riesigen Topf Kürbissuppe aufgesetzt hatte, die rettende Idee. „Eine Wallfahrt" jubelte sie triumphierend, „wir schenken der Mutter Oberin eine Wallfahrt. Ich weiß genau, dass sie sich schon ganz lange wünscht, mit uns auf einen Pilgerinnenweg zu gehen."

Es war unfassbar, aber keine widersprach. Nur Reimunde blickte besorgt auf ihre Knie. „Mach Dir keine Sorgen, wir nehmen den Bollerwagen mit. Renitenta kann Dich ziehen." Ich schluckte, nickte dann aber. Für Reimunde war ich dazu bereit. „Ist gut", sagte ich, „wenn nicht noch mehr in den Bollerwagen kommt." „Nur ein bisschen Proviant." Ich wurde blass. Inzwischen bin ich lange genug bei den Beginen, um zu wissen, was ein bisschen Proviant bedeutet.

Aber ich kam nicht dazu, zu protestieren, denn schon regnete es um mich herum Vorschläge.

„Kevelaer", rief Graziella. „Wir gehen nach Kevelaer. Da ist richtig was los! Musik, ein Bratwurststand, Gaukler…" „Kevelaer geht gar nicht, das ist voll partriarchal", maulte Maria Influenza. „Dann zum Heiligen Rock nach Trier!" „Geht nicht, der darf nur noch alle sieben Jahre gezeigt werden, sonst fusselt er aus, und der nächste Termin ist erst 1545." Zahlen sind einfach Maria Exactas Leidenschaft. „Alles Quatsch, wennschon dennschon, wir fahren nach Rom." Klaras visionäre Unbescheidenheit war mir schon einige Male aufgefallen. „Du spinnst wohl!" Jetzt geriet das sonst so kühle Blut von Maria Exacta in Wallung. „Mitte September fängt die Birnenernte an, danach kommen sofort die Äpfel, da können wir nicht wochenlang weg. Was meinst Du, was das für ein Verdienstausfall ist. Nächstes Jahr soll schließlich die Marienkapelle gestrichen werden, wenn wir uns auf eine Farbe geeinigt haben. Aber Dir ist das ja egal, Du pflückst eh nur den Tag!"

Maria Exacta griff nach ihrem Abakus, um wie gewohnt den genauen Betrag zu errechnen, der uns entgehen würde, wenn wir statt auf der Leiter im Obstgarten in der Warteschlange für einen Segen vom Heiligen Vater stehen würden. Nur um sie abzulenken, rief ich: „In Dellwig gibt es ein Marienhäuschen, das soll auch sehr hübsch sein."

Zu meiner Überraschung fand der Vorschlag große Zustimmung.

Zwei der Schwestern wurden beauftragt, für eine Wegbeschreibung zu sorgen, die anderen widmeten sich dem Thema Proviant.

Mittwoch, 14. September 1541

Als die Mutter Oberin am Morgen ihres 60. Geburtstages ihre Kemenate verließ, traute sie ihren Augen nicht. Die Beginen standen in langen Mänteln, mit Stöcken und großen Hüten vor ihr, alle mit festem Schuhwerk ausgestattet. „Überraschung!" „Das könnt Ihr doch nicht machen", Tränen standen in ihren Augen, „ausgerechnet an meinem Geburtstag wollt Ihr mich verlassen und Wanderbeginen werden. Und dann gleich alle!" Im gleichen Augenblick rumpelte es furchterregend, und Maria Influenza kam mit dem Bollerwagen vorgefahren, der auch ohne Reimunde schon reichlich voll war. Sieben Brote, 30 gekochte Eier, zwei Käse, eine dicke Mettwurst und einige Schläuche Wein hatten die Schwestern bereits hineingepackt.

„Wir gehen auf Geburtstagswallfahrt", riefen alle gleichzeitig und stimmten dann das Lied „Wie schön, dass Du geboren bist" an, leider nicht ganz so gleichzeitig. Jetzt musste die Mutter Oberin tatsächlich weinen, wahrscheinlich vor lauter Freude. „Wo geht die Wallfahrt denn hin?" fragte sie unter Tränen. Das Ziel wurde ihr genannt und schon ging es los. Die Schwestern sangen „Ave Maria" und „Zum Geburtstag viel Glück" im Kanon, und ich zog den Bollerwagen mit Reimunde über das holprige Kopfsteinpflaster. Anfangs saß die alte Begine stolz wie eine Königin und hochzufrieden zwischen Broten und Weinschläuchen, doch bald fuhr ihr das Rumpeln auf den unbefestigten Wegen außerhalb der Stadtmauern in die Glieder. Ich sah, wie sie sich verstohlen ein Brot unter das Gesäß schob. Bald schon kamen wir an die erste Weggabelung. „Wir müssen hier links", behauptete Jolanthe. „Nein, der Abzweig nach Dellwig kann hier noch nicht sein, wir müssen rechts." Maria Exacta fuchtelte mit dem Zeigefinger vor Jolanthes Nase herum. Da sich keine Einigkeit herstellen ließ, wurde der Weg nach Entscheidung der Mehrheit nach rechts fortgesetzt. Genauso verfuhren wir an jeder weiteren Gabelung, bis keine mehr wusste, wo wir waren.

Die Sonne stand schon hoch am Himmel, als Roswitha plötzlich aufschrie und mit dem Finger nach Osten zeigte. „Da, seht mal, eine Kirche!" „Die kenne ich", brachte ich unter Keuchen hervor, denn noch hatte keine der Schwestern mir angeboten, mich beim Bollerwagenziehen abzulösen. „Das ist die Stiftskirche Maria in der Not in Stoppenberg." Natürlich wusste Maria Influenza ganz genau, dass das nur die Ludgeruskirche in Werden sein konnte und Klara erkannte sogar den Altenberger Dom, aber je näher wir kamen, desto sicherer war ich, dass ich diesmal recht behalten würde. Endlich ging es den steilen Kapitelberg hinauf. Reimunde hatte ein Einsehen und ging das letzte Stück zu Fuß.

Die Stiftsdamen zu Stoppenberg saßen über ihren Stickarbeiten und vergingen vor Langeweile. Sie waren entzückt über den überraschenden Besuch und folgten unserer Einladung zu einem gemeinsamen Imbiss gerne. Fröhlich wurde so mancher Tratsch über die kränkelnde Fürstäbtissin ausgetauscht und die Geschichte von unserer lieben Ziege Genoveva brachte die edlen Damen sehr zum Lachen. Als unsere Weinschläuche leer waren, schickten sie einen Knecht in ihren Weinkeller und so dauerte die Wallfahrt bis tief in die Nacht.

Donnerstag, 15. September 1541

Der Rückweg ging mit schweren Köpfen, aber leichten Fußes von statten, zumal der um vieles leichtere Bollerwagen nun im Wechsel von allen gezogen wurde. Beim Abschied erfuhren wir, dass die Stoppenberger Stiftsdamen im Oktober eine Wallfahrt zu uns unternehmen wollen. Das gibt ein fröhliches Wiedersehen!

DER ZEH DER HL. MARTHA

Donnerstag, 8. Oktober 1541

Oh gnadenreiche Mutter und Wohltäterin, jetzt bin ich allmählich doch schon eine richtige Begine, ganz zappelig vor Aufregung und ein bisschen zu laut, wenn besondere Ereignisse ihren Schatten vorauswerfen. Alle Schwestern schweben mit leuchtenden Augen durch das Haus und reden nur noch vom Jahrmarkt, der morgen beginnt. Es ist das größte Ereignis des Jahres, Weihnachten und Maria Empfängnis natürlich ausgenommen. An vielen Ständen werden geheimnisvolle Dinge verkauft, es wird den ganzen Tag nach unbekannten Gewürzen riechen, und Quacksalber und Wunderheiler werden ihre Opfer vorführen, dass es eine Pracht ist.

Schwester Maria Exacta hat einen Kassensturz gemacht und uns gelobt. Wir waren aber auch fleißig in diesem Jahr! Wenn ich nur an unseren Marktstand denke, der so gut lief, dass wir die neuen Strümpfe, die Maria Influenza zum Geburtstag bekommen hatte, gleich mit verkauft haben, zusammen mit den Schuhen, die Roswitha kurz ausgezogen hatte, weil sie drückten. Was war das für ein Gejammer, als sie barfuß nach Hause gehen musste!

Zur Belohnung wird Maria Exacta jeder von uns ein paar Kreuzer auszahlen, damit wir uns auf dem Jahrmarkt etwas Schönes kaufen können. Ob ich tatsächlich dieses Mal einen sprechenden Vogel finde? Wenn nicht, könnte ich mir eine neue Flöte kaufen. Oder doch lieber einen dicken Laib von dem köstlichen Früchtebrot mit den herrlichen Gewürzen?

Freitag, 9. Oktober 1541

Danke, heilige Jungfrau, dass du den heutigen Tag gleich mit zwei Wundern hast beginnen lassen. Als wir nach der morgendlichen Laudes vor unserer Grütze saßen, die eindeutig einen Brandschaden hatte, stand keine der Schwestern auf, um in die Küche zu gehen, der armen Schwester Ambivalenzia den Topf aus der Hand zu nehmen, und ihr zu zeigen, wie man aus Buchweizen Grütze statt Kohle macht. Alle aßen schweigend und friedfertig vor sich hin, da geschah das zweite Wunder. Die Mutter Oberin verkündete, dass wir ab sofort frei hätten und zum Markt gehen könnten. Natürlich nur in Grüppchen, mindestens zu dritt, und ohne den Stand mit dem Starkbier aufzusuchen. Auch Wetten und Würfelspiele seien einer Begine niemals erlaubt, und wenn, dann solle sie wenigstens einen ordentlichen Gewinn mit nach Hause bringen. Die folgenden Ermahnungen gingen im Scharren der Bänke auf dem alten Steinfußboden unter. Binnen weniger Minuten waren nur noch die Mutter Oberin und Reimunde im Haus und natürlich Schwester Ambivalenzia, die den Topf sauber machen musste.

Samstag, 10. Oktober 1541

Ach, Maria, was war das gestern für ein schöner Tag! Ich schlenderte mit Jolanthe und Elisabeth über den Markt, erfreute mich am Lautenspiel eines wirklich gut aussehenden Barden, kostete hier ein Stück Braten und dort einen Schluck Wein (die Mutter Oberin hatte ja nur vor Starkbier gewarnt), und traf immer wieder die kleinen Grüppchen der Schwestern im grauen Kleide, die stolz ihre Einkäufe zeigten. Roswitha hat sich wieder die gleiche wohlriechende Salbe gekauft, von der sie im letzten Jahr den furchtbaren Ausschlag bekommen hat, Maria Influenza trug wunderschöne Wolle in ihrem Korb, mit der sie sich Ersatz für die verkauften Strümpfe stricken will.

Jolanthe blieb an einem kleinen, unscheinbaren Stand stehen. „Was ist das?", fragte sie einen buckligen, unglaublich schmutzigen Mann, und zeigte auf ein schwarzes Etwas, das ein bisschen wie ein kleiner Zeh aussah. „Ist von heilige Martha. Hat gehabt sechs Zehen jede Fuß. Das ist linke Seite. Knochen ist auch dabei, gucke." Jolanthe war ganz blass. „Jetzt ratet mal, wer mir heute Nacht im Traum erschienen ist. Die heilige Martha. Sie zwinkerte mir mit einem Auge zu. Und jetzt das, das kann doch kein Zufall sein. Eine Reliquie, stellt euch doch mal vor, wir hätten eine Reliquie in unserer Kapelle. Es werden Scharen von Pilgern kommen, wir könnten eine Herberge eröffnen, ‚Zum sechsten Zeh‘, oder so ähnlich. Wir wären alle Geldsorgen los.“

Es war völlig sinnlos, Jolanthe von ihrem Plan abzubringen. Sie verhandelte noch eine Weile um den Preis und ließ sich das Klümpchen, aus dem tatsächlich ein kleiner Knochen herausragte, einpacken. Dann hielt sie ihre Hand auf und sagte: „Für die Gemeinschaft!“ Ich dummes Schaf konnte wieder einmal nicht ‚Nein‘ sagen. Seufzend reichte ich ihr meine Jahrmarktkreuzer.

Mit dem sprechenden Vogel wird es auch dieses Jahr nichts werden.

Montag, 24. Oktober 1541

Es kam wie erwartet, die Mutter Oberin und die meisten Schwestern glaubten nicht an den heiligen Zeh. Jolanthe und ein kleines Häuflein Beginen hielten umso mehr daran fest und planten bereits die Pilgerherberge mit einem großen Stand für Souvenirs. Klara, die noch immer fest an die Dichterin in sich glaubte, bestickte Kissen mit Sprüchen wie: „Tut dir irgendetwas weh, finde Trost bei Marthas Zeh“. Roswitha übte mit dem Küchenmesser, aus Holzstückchen kleine Zehen zu schnitzen, bis das Messer nicht mehr zu gebrauchen war.

Die Stimmung im Haus war fürchterlich. Die Schwestern beschimpften sich gegenseitig als Traumtänzerinnen oder feige Spaßbremsen.

Nach zwei Tagen wurde es der Mutter Oberin zu bunt. „Ob das eine Reliquie ist oder nicht, entscheiden wir sowieso nicht. Ich werde die Fürstäbtissin um eine Kutsche bitten und zum Erzbischof nach Köln fahren. Und ich erwarte, dass seine Entscheidung ohne Murren angenommen wird."

Heute Abend ist die Mutter Oberin zurückgekommen, völlig erschöpft von der anstrengenden Reise. „Der Erzbischof war zunächst unschlüssig. Aber dann hat er seinen neuen Medicus kommen lassen. Der hat sich den Knochen angeschaut und gesagt. Wenn das ein kleiner Zeh von der Heiligen Martha ist, dann war die heilige Martha mindestens 2,70 m groß."

Donnerstag, 27. Oktober 1541

Auch wenn es ein bisschen schade ist, dass es mit dem geplanten Erfrischungsstand ‚Marthas Büdchen' jetzt nichts wird, sind doch alle Schwestern erleichtert, dass wir nun kein Wallfahrtsort werden.

Jolanthe war einige Nächte unterwegs und ich war ganz gerührt, als sie mir mein Jahrmarktsgeld heute auf Heller und Pfennig zurückzahlte. Vielleicht werden wir ja doch noch Freundinnen.

DER SOLDAT

Freitag, 25. November 1541

Barmherzige Mutter Gottes, das war wieder ein Tag. Mit großem Fleiße und unermüdlicher Freude an der gemeinsamen Arbeit haben wir alles Bettstroh erneuert und alles irdene Geschirr und die alten Suppentöpfe aus den Schränken geholt und blank gescheuert, bis uns die Arme schmerzten. Erschöpft saßen wir am Feuer und tranken unseren Salbeitee mit ein wenig von dem guten Honig, den uns die Stiftsdamen aus Stoppenberg mitgegeben hatten. Elisabeth beklagte sich gerade wieder einmal darüber, dass Klara und Graziella sich am Beginenputztag zur Kräuterschule der alten Walburga angemeldet hatten. „Was lehrt die alte Hexe denn diesmal?" fragte Maria Influenza. „Pass auf Deine Worte auf!" ermahnte die Oberin sie. „Das Thema ist ‚Heilung durch Vielfalt - Kräuter gegen die Einfalt'." Die Mutter Oberin wusste natürlich Bescheid, wahrscheinlich hat sie die beiden selbst dort angemeldet. „Oh weh, dann müssen wir wieder alle so scheußliche Tees ausprobieren", klagte Elisabeth. „Ja, und dann ein zweites Nachtgeschirr aufstellen", nahm sich Reimunde vor.

Im selben Moment klopfte jemand so heftig an das Tor, dass die wiedereingeräumten Teller und

Schüsseln im Schrank klirrten. Elisabeth, Jolanthe und Maria Influenza griffen nach den makellos blankgescheuerten Öllampen und gingen vorsichtig dicht nebeneinander zum Tor. „Lasst mich ein, Ihr frommen Schwestern, ich bin in höchster Not!", drang eine verzweifelte Stimme zu uns herein. Die Schwestern warfen uns einen fragenden Blick zu, und wir nickten tapfer. Das Tor wurde geöffnet und herein stolperte ein verdreckter, völlig erschöpfter Soldat in zerlumpter Uniform. Er torkelte zur Ofenbank, und brachte noch hervor: „Die Luther'schen sind mir auf den Fersen." Dann war er auch schon eingeschlafen.

Sonntag, 27. November 1541

Ich grüße Dich, Maria, allerdings mit unausgeschlafenen verquollenen Augen. Die Nacht war sehr unruhig. Nachdem es sich herumgesprochen hatte, dass ein Mann im Beginenhof übernachtet, wollte im Schlafsaal nicht so recht Ruhe einkehren.

Jolanthe, Elisabeth und Reimunde hatten ihre Betten zu einer Art Burg zusammengestellt und sich mit Stöcken bewaffnet. Klara tuschelte mit Maria Influenza darüber, was sie denn morgen wohl anziehen sollten.

Als ich mit dem Morgengebet fertig war, war der Soldat schon im Hof, wo ihn die Mutter Oberin zum Holzhacken hingeschickt hatte. Sie konnte Maria Influenza gerade noch daran hindern, ihm einen großen Teller mit Rührei zu bringen. „Der isst später und zwar mit mir!" Maria Influenza zog beleidigt ab, nicht ohne ihre Haube noch einmal so zu richten, dass ihr eine Locke neckisch ins Gesicht fiel.

Die Gerüchteküche begann zu brodeln. Unter dem absoluten Siegel der Verschwiegenheit erzählte Maria Influenza mir, dass der Soldat die Frucht eines Fehltritts der Mutter Oberin sei, und nun bei seiner Mutter Zuflucht suche. Das erfuhren auch Maria Exacta und Klara, ebenfalls exklusiv und zum Stillschweigen verpflichtet. Klara erzählte es Elisabeth, die Jolanthe informierte, und Graziella, die es wiederum mir erzählte. Zu diesem Zeitpunkt war der junge Mann schon ein gemeinsamer Sohn des Erzbischofs und der Fürstäbtissin. Wenig später erfuhr ich von Roswitha, dass er ein gesuchter Mörder sei, aber das sage sie nur mir, und ich solle das Geheimnis für mich behalten.

Das wirkliche Geheimnis aber blieb und bleibt bei mir. Denn als ich am Abend Geräusche aus der Badestube hörte, warf ich einen Blick hinein und sah den Soldaten, wie er gerade ins heiße Wasser stieg. Nur dass es kein Soldat war, denn er hatte zwei Brüste und keinen – na Du weißt schon, oder vielleicht auch nicht, Du bist ja die heilige Jungfrau, jedenfalls war der Soldat eindeutig eine Frau.

Da ging mein schlimmstes Laster, der Fluch mit dem ich geschlagen bin, also meine Neugier mit mir durch. Ich fasste mir ein Herz, trat an den Zuber und fragte: „Wer bist Du und vor wem versteckst Du Dich?"

So erfuhr ich die Geschichte von Isabella, die so wie ich einem trostlosen Eheleben entgehen wollte. Ein Metzger war es, der Gefallen gefunden hatte an der kräftigen, gesunden Frau. Dass sie Vegetarierin war, störte ihn gar nicht. Sie floh, kaufte von ihrem letzten Geld Männerkleider, schnürte sich die Brüste ein, schnitt sich die Haare ab, und ließ sich für das kaiserliche Heer anwerben. Fast wäre sie zum Offizier ernannt worden, da beobachtete ein Pferdebursche sie beim Wasserlassen, strich das Schweigegeld ein, das sie ihm bot, und verriet sie dann doch.

Es sei nicht selten, berichtete Isabella, während sie sich genüsslich mit der Bürste abschrubbte, dass eine Frau als Mann lebe und dem Kaiser als Soldat diene, um ihren Lebensunterhalt zu verdienen. Staunend erfuhr ich, wie viele Frauen als Matrosen zur See fahren. Manche würden sogar heiraten. Aber es ist ein gefährliches Leben. Wenn sie auffliegen, droht ihnen der Strick. 14 Tage sei sie auf der Flucht, nicht die Luther'schen, sondern die kaiserlichen Feldgendarmen seien hinter ihr her.

Gestern hätten sie sie fast gehabt. Da sei ihr die Mutter Oberin eingefallen, die sie von Kindesbeinen an kenne, die immer ihre Beschützerin und Herzensfreundin gewesen sei, und ihr für kurze Zeit Zuflucht gewährt habe.

Montag, 28. November 1541

Ach Isabella, ich hätte dich doch niemals verraten! Heute Morgen in aller Frühe hörte ich das Quietschen des Tores und eine dunkle Ahnung beschlich mich. Wie hatte ich mich darauf gefreut, in Isabella eine neue Schwester zu bekommen. Aber sie war fort. In den Augen der Mutter Oberin sah ich den gleichen tiefen Kummer wie ich ihn selbst spürte.

Am liebsten würde ich mich in das Kräuterbeet legen, die Augen schließen, und in einer Zeit wieder aufwachen, in der Frauen selbst über ihr Leben entscheiden können, ohne in Gefahr zu geraten. Wie lange wird das wohl noch dauern?

Bis dahin, barmherzige Beschützerin aller Frauen, die Unfreiheit mehr fürchten als den Tod, pass gut auf Isabella auf!